EXTRAIT
DES LOIS NOUVELLES
REVUE BI-MENSUELLE DE LÉGISLATION ET DE JURISPRUDENCE
Émile SCHAFFHAUSER, DIRECTEUR

LA

RÉFORME DE LA LICENCE EN DROIT

ENVISAGÉE

AU POINT DE VUE DE LA PRATIQUE JUDICIAIRE

PAR

Georges GRUFFY
Docteur en droit
Avocat à la Cour d'appel de Paris.

PARIS
Aux Bureaux des LOIS NOUVELLES
9, *Rue Bleue*, 9
1905

RÉDACTION ET ADMINISTRATION

9, Rue Bleue, 9, Paris

LES

LOIS NOUVELLES

Revue de Législation et de Jurisprudence

ET

REVUE DES TRAVAUX LÉGISLATIFS

Paraissant le 1er et le 15 de chaque mois.

RÉDACTEUR EN CHEF : **EMILE SCHAFFHAUSER**
DOCTEUR EN DROIT

Secrétaire de la Rédaction : H. CHEVRESSON
Avocat à la Cour d'appel de Paris

Chaque Numéro comprend 64 pages

Les *LOIS NOUVELLES* comprennent quatre parties formant des fascicules séparés, chacun avec pagination spéciale.

La 1re PARTIE, intitulée REVUE DE LÉGISLATION, comprend le commentaire de toutes les Lois Nouvelles présentant un intérêt général.

La 2e PARTIE, intitulée REVUE DES TRAVAUX LÉGISLATIFS, comprend l'exposé des projets de loi et des rapports déposés à leur occasion *et en outre un tableau des travaux législatifs dans les deux Chambres.*

La 3e PARTIE, intitulée LOIS ET DÉCRETS, renferme non seulement tous les textes d'intérêt général mais encore les circulaires ministérielles relatives à leur application, et se trouve être ainsi LE SUPPLÉMENT LE PLUS COMPLET DE TOUS LES CODES.

La 4e PARTIE, intitulée REVUE DE JURISPRUDENCE, enregistre toutes les décisions judiciaires relatives aux nouveaux textes législatifs et complète ainsi la 1re partie.

Les commentaires publiés par les *LOIS NOUVELLES* contiennent l'exposé de la législation et de la jurisprudence antérieures à la nouvelle loi, l'exposé des travaux législatifs et enfin l'examen critique de toutes les difficultés auxquelles pourra donner lieu l'interprétation de la loi.

Abonnement annuel : Paris et départements : 15 fr.
Étranger : 18 fr.

EN VENTE AUX BUREAUX DES « LOIS NOUVELLES »

LA COLLECTION DES LOIS NOUVELLES

Comprenant les années [illegible]-1903 et la table des Lois publiées de l'origine à [illegible]	80 fr.
Les différentes années se vendent séparément :	
Année 1903	15 fr.
Année 1902	12 fr.
Les années précédentes, chacune	10 fr.

Le paiement a lieu au gré du souscripteur.
Il est fait un escompte de 10 0/0 au cas de paiement comptant.

L'envoi a lieu franco, expédition et recouvrement.

LA

RÉFORME DE LA LICENCE EN DROIT

ENVISAGÉE

AU POINT DE VUE DE LA PRATIQUE JUDICIAIRE

RÉDACTION ET ADMINISTRATION
9, Rue Bleue, 9, Paris

LES

LOIS NOUVELLES

Revue de Législation et de Jurisprudence

ET

REVUE DES TRAVAUX LÉGISLATIFS

Paraissant le 1er et le 15 de chaque mois.

Rédacteur en Chef : **EMILE SCHAFFHAUSER**
DOCTEUR EN DROIT

Secrétaire de la Rédaction : H. CHEVRESSON
Avocat à la Cour d'appel de Paris

Chaque Numéro comprend 64 pages

Les *LOIS NOUVELLES* comprennent quatre parties formant des fascicules séparés, chacun avec pagination spéciale.

La 1re PARTIE, intitulée REVUE DE LÉGISLATION, comprend le commentaire de toutes les Lois Nouvelles présentant un intérêt général.

La 2e PARTIE, intitulée REVUE DES TRAVAUX LÉGISLATIFS, comprend l'exposé des projets de loi et des rapports déposés à leur occasion *et en outre un tableau des travaux législatifs dans les deux Chambres.*

La 3e PARTIE, intitulée LOIS ET DÉCRETS, renferme non seulement tous les textes d'intérêt général, mais encore les circulaires ministérielles relatives à leur application, et se trouve être ainsi LE SUPPLEMENT LE PLUS COMPLET DE TOUS LES CODES.

La 4e PARTIE, intitulée REVUE DE JURISPRUDENCE, enregistre toutes les décisions judiciaires relatives aux nouveaux textes législatifs et complète ainsi la 1re partie.

Les commentaires publiés par les *LOIS NOUVELLES* comprennent l'exposé de la législation et de la jurisprudence antérieures à la nouvelle loi, l'exposé des travaux législatifs, et enfin l'examen critique de toutes les difficultés auxquelles pourra donner lieu l'interprétation de la loi.

Abonnement annuel : Paris et départements : 15 fr.
Etranger : 18 fr.

EN VENTE AUX BUREAUX DES « LOIS NOUVELLES »

LA COLLECTION DES LOIS NOUVELLES

Comprenant les années 1896-1903 et la table des Lois nouvelles de l'origine à 1900, au prix de. . . . . **80 fr.**

Les différentes années se vendent séparément :

Année 1903. . . . . **15 fr.**
Année 1902. . . . . **12 fr.**
Les années précédentes, chacune. . . . . **10 fr.**

Le paiement a lieu au gré du souscripteur.
Il est fait un escompte de 10 0/0 au cas de paiement comptant.

L'envoi a lieu franco, expédition et recouvrement.

LA RÉFORME DE LA LICENCE EN DROIT

ENVISAGÉE

AU POINT DE VUE DE LA PRATIQUE JUDICIAIRE

EXTRAIT
DES LOIS NOUVELLES
REVUE BI-MENSUELLE DE LÉGISLATION ET DE JURISPRUDENCE
Emile SCHAFFHAUSER, DIRECTEUR

LA RÉFORME DE LA LICENCE EN DROIT

ENVISAGÉE

AU POINT DE VUE DE LA PRATIQUE JUDICIAIRE

PAR

Georges GRUFFY
Docteur en droit
Avocat à la Cour d'appel de Paris.

PARIS
Aux Bureaux des LOIS NOUVELLES
9, *Rue Bleue*, 9
1905

LA RÉFORME DE LA LICENCE EN DROIT

ENVISAGÉE

AU POINT DE VUE DE LA PRATIQUE JUDICIAIRE

Il a été beaucoup question au Parlement depuis quelque temps de la réforme des études de droit. La séance de la Chambre des députés du 14 novembre 1904 a été particulièrement intéressante à ce point de vue, en ce sens que MM. J. Thierry et Louis Martin y ont insisté sur la part prépondérante qu'il convient d'attribuer, dans notre démocratie, aux études d'économie politique et de droit public, tandis que les prérogatives du droit romain et, plus généralement, de l'histoire du droit ont été défendues à la tribune précisément par un économiste, M. Paul Beauregard, professeur à la faculté de droit de l'Université de Paris.

L'enseignement du droit, primitivement réglé par la loi (L. 22 ventôse an XII) flotte, maintenant, au gré des décrets et des arrêtés ministériels.

Il est utile que l'attention publique soit ramenée sur lui, que le monde universitaire subisse la contradiction d'hommes entraînés par le courant des affaires, il faut que les législateurs revendiquent hautement leur droit de surveillance et de réglementation, en ce qui touche des matières d'un intérêt général incontestable.

Le monde judiciaire cependant semble rester en dehors de ce mouvement d'idées. Les pouvoirs publics dédaignent de consulter les Cours et Tribunaux, les barreaux de Paris et de province, les Chambres d'officiers publics et ministériels. Il semble d'ailleurs que ces grandes corporations se désintéressent de la question. Aucune voix ne s'élève en leur nom pour exiger de leurs futurs membres les garanties d'une bonne instruction juridique, qui est essentielle au même titre que les traditions d'honorabilité sauvegardées par les règles disciplinaires.

Un décret sur la licence en droit devrait être contresigné non seulement par le Ministre de l'Instruction Publique, mais encore par le Ministre de la Justice. Or jamais, jusqu'à présent, la Chancellerie n'a été consultée sur la matière.

Certes, avec la loi du 15 juillet 1889, le doctorat en droit a perdu tout caractère scientifique pour devenir le grade habituel des étudiants. M. le doyen Glasson, dans un remarquable article sur « la crise des facultés de droit », s'en réjouit car, dit-il, le niveau des études juridiques s'est élevé. Nous ne mettons pas en doute que, même avec deux examens et une seule thèse, le docteur en droit du commencement de ce siècle ait une culture intellectuelle plus développée, au bout de ses cinq ou six ans d'études, que le licencié au bout de trois ans seulement.

Mais, lorsque sera votée la loi militaire actuellement en discussion, il est certain que le doctorat en droit, puisqu'il ne procurera plus de dispense spéciale, sera abandonné comme la licence ès lettres, le diplôme de l'Ecole des Langues Orientales vivantes et tant d'autres, et que la licence en droit redeviendra, au Palais, le grade habituel des magistrats et de leurs auxiliaires.

Eh bien, la licence en droit, telle qu'elle est actuellement organisée, satisfait-elle aux besoins du monde du Palais ? Je crois que personne n'osera l'affirmer.

I

En dehors de la procédure qui ne s'assimile véritablement que par la pratique et dont il est puéril de reprocher l'ignorance aux meilleurs étudiants, il y a des matières d'une importance pratique considérable, sur lesquelles le moindre clerc d'avoué ou le moindre avocat stagiaire sera consulté au sortir de l'Ecole, et dont il n'a pas la moindre idée.

Ainsi, un bon licencié, et même un bon docteur, pourra être ferré sur le droit civil et ignorer le contrat d'assurance. Tout au plus aura-t-il quelque lueur sur l'assurance maritime s'il a choisi, comme cours à option, le droit commercial maritime, à raison de la célébrité du professeur ou de sa réputation d'indulgence à l'examen. De l'assurance-vie, de l'assurance-incendie, de l'assurance-accidents, il sera aussi ignorant que du droit copte ou javanais.

Combien de candidats à la licence sauraient donner la définition exacte d'un notaire ? Combien qui versent dans la politique et dénoncent à d'ignares électeurs la vénalité des offices, qui sauraient à qui attribuer les diverses fonctions des notaires supprimés et pourraient expliquer ce qui se passe dans les pays où l'institution du notariat n'existe pas ?

Quand parle-t-on à l'Ecole des brevets d'invention, des marques de fabrique, du contrat d'édition ?

Le licencié en droit, en arrivant au régiment, aura besoin de la théorie faite à la chambrée par un caporal sorti de l'école primaire pour connaître exactement la loi sur le recrutement de l'armée.

Si, dans le monde, on vient à parler de la loi Falloux, et que quelqu'un le prenne à témoin du peu qui subsiste de ce document si discuté, la question lui sera aussi difficile à élucider que s'il avait étudié, au lieu du droit, la médecine, l'architecture ou la botanique.

Qu'un paysan, désireux de soustraire ses enfants à l'instruction obligatoire, lui demande quelle est au juste la sanction de l'obligation scolaire, c'est au maître d'école qu'il devra renvoyer ce fâcheux.

J'admets qu'on n'inscrive pas dans les programmes l'étude détaillée des crimes et délits, mais comment la législation sur la presse n'occupe-t-elle pas une ou deux leçons et, si la distinction entre l'escroquerie et l'abus de confiance est réservée aux méditations des purs criminalistes, quel est l'avocat, quel est l'avoué, quel est l'huissier qui, à la première heure de son exercice, ne risque pas d'avoir à démêler l'injure et la diffamation ?

II

La vérité, c'est qu'une place trop grande est donnée au droit romain. Déjà, la suppression de la thèse romaine a été le point sur lequel la réforme du doctorat a reçu des approbations unanimes. Il faut aller plus loin dans les programmes de licence.

Maintenir à cet enseignement sa durée actuelle de dix-huit mois, c'est sacrifier d'autres enseignements plus utiles.

Le droit romain doit, à tout prix, être conservé pour être exposé en première année, mais en première année seulement, dans toute la beauté de son développement historique.

Les juristes qui voudraient le supprimer ne se rendent pas compte des services qu'il a rendus à la perfection de leur jugement, les praticiens terre à terre qui l'ont ignoré ne se doutent pas combien il leur a manqué, les jours où il leur a fallu sortir des sentiers battus et résoudre à la lueur des principes seulement, sans le secours du Dalloz ou du Sirey, des questions neuves ! j'entends par là l'interprétation des lois nouvelles sur des sujets parfois anciens.

Mais, après avoir étudié, admiré le droit romain dans une année d'introduction, au bout de laquelle je verrais volontiers une épreuve écrite éliminatoire sur le droit romain, il faut que l'étudiant destiné à devenir un praticien puisse dire aux jurisconsultes romains comme Henri IV à la garnison espagnole du faubourg Saint Antoine : « Bonsoir, messieurs ! mais n'y revenez plus. »

La hantise des institutions romaines à propos des sujets modernes de la propriété intellectuelle, de la législation industrielle et même quelquefois dans les parties les plus anciennes du droit civil comme le régime dotal, la théorie des obligations, l'accession, non seulement jette un certain ridicule sur la plaidoirie prononcée en audience publique, mais encore, dans le travail personnel auquel on se livre dans le silence du cabinet, crée certaines confusions et, véritablement, peut retarder l'assimilation de la pratique moderne des affaires.

III

Six mois de gagnés par la réduction des études de droit romain, cela ne suffit pas aux besoins nouveaux de la vie contemporaine.

Nous croyons que ces besoins nouveaux nécessitent une licence de quatre années.

On protesterait bien à tort contre cette extension de la durée des études habituelles de droit. La vérité, c'est qu'à l'heure actuelle, on n'entre dans la vie pratique des affaires qu'après une année de service militaire et cinq ans au moins pour la licence suivie du doctorat. Au lendemain de la promulgation de la prochaine loi sur le recrutement de l'armée, le doctorat redevenant l'exception et la licence, la règle, le Palais ne s'ouvrira pour le licencié, si l'on admet notre système, qu'après deux années de régiment et quatre années d'école. Donc, même total : six années. Et encore avons-nous supposé que le doctorat est obtenu actuellement deux ans juste après la licence, ce qui est un résultat exceptionnel.

On doit donc profiter de ce que les familles sont maintenant habituées à l'idée de se séparer des enfants pendant cinq ans au moins pour les envoyer à la Faculté voisine « faire leur droit », pour imposer demain aux familles des générations suivantes la nécessité de quatre années.

En outre, comme les devancements d'appel ne seront pas possibles dans la nouvelle législation militaire, il faut que les quatre années d'études juridiques habituelles soient divisées de telle sorte que le service militaire puisse se placer entre certaines de ces divisions, sans trop nuire à l'instruction juridique.

Nous proposons donc une première année d'introduction, une quatrième année de révision ou de conclusion. Les deuxième et troisième englobent presque intégralement le droit moderne. On pourrait même, par une combinaison d'examens à laquelle nous nous attacherons ultérieurement (*infrà*, § XI), rendre bien distinctes les deuxième et troisième années.

IV

Voici le programme que nous proposons:

Première année. — Droit Romain.
Histoire du droit civil français.
Histoire du droit public français.
Organisation politique administrative et judiciaire de la France.

Deuxième année. — A. — Droit civil français.
B. — Economie politique.
Droit administratif.

Troisième année. — *a*. — Droit civil.
Droit commercial.
b. — Economie politique (un semestre).
Sc. et législation financières (un semestre).
Législation ouvrière (un semestre).
Droit international public (un semestre).

Quatrième année. — Droit privé.
Droit international privé.
Procédure.
Droit criminel.

V

Avant d'entrer dans quelques développements sur chaque année d'études, nous faisons observer que chaque cours comporte, dans notre pensée, trois leçons par semaine. Il serait facile d'en démontrer la nécessité. Pour l'Economie politique, par exemple, si certains membres du Parlement réclament trois années de cours bi-hebdomadaires, on arrive au même résultat comme nous le faisons avec deux années (Economie politique — Science et Législation financières) à trois leçons par semaine.

Quant au droit privé interne, en deuxième et troisième années, nous en faisons l'objet d'un cours *quotidien*. En deuxième année, le professeur titulaire de la chaire pourrait être, à cet effet, doublé d'un agrégé, comme, à l'hôpital, le chef de service est doublé d'un chef de clinique. Le partage d'attributions par semestre ou par matières serait facile à organiser. — Il va de soi en troisième année si l'on admet la distinction un peu arbitraire, à notre avis, entre le droit civil et le droit commercial. Et si l'on veut, pour la même raison, dissocier, en quatrième année, les institutions de crédit (voir *infra*) c'est encore assez facile.

VI

En première année, les élèves envisagent doublement l'évolution du droit civil. D'abord, par le droit romain tout entier, avec peu de références aux textes puisque, en vertu de l'équivalence des divers baccalauréats, l'Enseignement Secondaire versera désormais aux Facultés beaucoup d'auditeurs qui n'auront aucune notion de latin — et n'en seront d'ailleurs pas moins aptes à faire de très bons juristes. Ensuite, par ce que M. Paul Beauregard appelle, dans la séance du 14 novembre 1904, « le droit féodal, le droit barbare », disons plutôt le droit coutumier, dont certaines institutions méritent, pour l'intelligence du Code civil, d'être mises en regard des institutions romaines (effet rétroactif du partage, communauté conjugale, décomposition du droit de propriété, légitime et réserve, etc.). Un semestre suffirait pour le droit coutumier ; et le même professeur, dans un deuxième semestre, étudierait l'œuvre de transformation et de codification de la Révolution, du Consulat et de l'Empire, commenterait les articles 1, 2, 4, 5, 6, du Code civil, ferait l'histoire des commentateurs de ce Code au cours du XIXe siècle, étudierait le rôle actuel de la coutume et de la jurisprudence, enfin préparerait si bien le rôle du professeur en deuxième année que celui-ci n'aurait aucune Introduction à faire (Cf. Lévy-Ullmann, *Rev. trimestr. d. dr. civ.*, 1903, p. 852).

Les deux cours de droit public de première année ne méritent pas de grands commentaires. Après l'exposé de la Constitution, les problèmes de droit électoral comme celui du suffrage proportionnel, on ferait la géographie politique du pays au point de vue des divers services publics. En étudiant le département et la commune, on serait conduit à voir évoluer les idées de déconcentration et de décentralisation, en indiquant la division en universités et en corps d'armée, on parlerait des tendances contemporaines de prendre ces dernières circonscriptions comme bases soit du scrutin de liste, soit d'une refonte de la carte administrative de la République. Le droit public, en ses deux parties ancienne et moderne, prêterait donc, dès le début, aux idées générales et ne serait pas l'aride énumération en laquelle consiste pour quelques-uns le droit administratif.

Appelé après l'État, le département, la commune à signaler l'existence des établissements publics et d'utilité publique, le professeur de droit public moderne compléterait sur un point le cours d'introduction au Code civil en faisant l'exposé des règles générales sur les personnes morales. Appelé à parler des magistrats, des avocats, des auditeurs au Conseil d'État, des officiers ministériels, etc., il renseignerait dès le début, sur les carrières auxquelles l'Ecole de Droit prépare des étudiants qui souvent s'y sont présentés sans trop savoir dans quel but.

Par l'exposé qui vient d'être fait des matières d'introduction au droit moderne, on voit que la première année à l'École de Droit serait quelque chose comme les P. C. N. pour l'Ecole de Médecine.

VII

Deux de nos cours de deuxième année donnent lieu ici à des observations.

Le droit administratif, allégé de tout ce qui a été enseigné en première année, comprend la description des grands services publics (Travaux publics, Chemins de fer, Armée, Instruction Publique, Cultes, etc.) et la réglementation des principes de droit public (Expropriation pour cause d'utilité publique. Domaine public, etc., etc.) La législation financière y prend une place restreinte, à cause du cours spécial de troisième année.

Le droit civil français contemporain est enseigné dans son ensemble, les matières des années subséquentes y étant simplement esquissées de manière à faire ultérieurement l'objet d'un examen approfondi. On n'oublierait pas d'y adjoindre quelques notions de notariat et d'enregistrement, comme aussi à côté des droits réels et personnels, de donner quelques développements sur les droits intellectuels.

VIII

Les cours de droit public en troisième année sont à peu près indiqués par leur titre. Dans la législation ouvrière, nous faisons rentrer le contrat collectif de travail, les grèves, les accidents du travail, les arbitrages, etc.

Le droit civil français comporte : le contrat de mariage, les successions, donations et testaments; enfin, l'absence.

Sous la rubrique droit commercial, nous entendons tout le Code de Commerce, mais avec une rapide esquisse seulement du droit maritime. La faillite, sujet très important et jusqu'à présent toujours mal su des étudiants, comme étant hâtivement traité en fin d'année, est remplacée par une théorie générale des assurances et le commentaire des lois en préparation sur le sujet, quand elles auront été promulguées.

IX

Le droit privé, dans la dernière année de licence, est représenté par une théorie générale des institutions de crédit : la transmission des créances, le régime hypothécaire, les voies d'exécution (distraites du cours de Procédure civile, elles y pourraient être remplacées par le régime des preuves, art. 1315 à 1370 C. civ., art. 109 C. comm.) la faillite et la déconfiture. A trois leçons par semaine, cet enseignement de droit approfondi et comparé, qui confine à l'Économie Politique, pourrait être fait alternativement par un professeur de droit civil et un professeur de droit commercial ou, en deux semestres, cumulativement par les deux.

La législation comparée aurait une grande place dans le cours de droit international privé où, par rapport avec ce qui est édicté dans les lois civiles et commerciales françaises, on étudierait les prescriptions des Codes étrangers, et par suite les conflits, les conventions diplomatiques. Ayant commencé, en première année, par étudier le droit français par rapport au droit ancien, et l'œuvre de codification française, on finirait, en quatrième année, en étudiant le droit français par rapport aux autres législations modernes et les tentatives de codification du droit international privé de Mancini, de l'Institut de Droit International, du Gouvernement néerlandais.

Le cours de procédure, allégé par ce qui a été dit antérieurement, contiendrait le mode d'action devant les diverses juridictions de l'ordre constitutionnel, administratif, judiciaire, la théorie des preuves et l'autorité de la chose jugée au civil et au criminel, la compétence envisagée sous tous ses aspects, enfin un résumé du contentieux administratif.

Le professeur de droit criminel, après des principes généraux sur le Code pénal et quelques lois adjacentes comme celle sur la presse, sur la législation pénitentiaire, sur la médecine légale, sur l'extradition, étudierait, dans le Code d'Instruction Criminelle, l'Instruction préparatoire et la Cour d'assises, les autres juridictions répressives, sauf peut-être les Conseils de Guerre, ressortissant au cours général de procédure.

X

Il est facile de remarquer que, dans chaque année d'enseignement, nous faisons une part égale au droit public (en y comprenant l'économie politique) et au droit privé.

Nous donnons ainsi satisfaction aux novateurs qui, depuis une vingtaine d'années, sollicitent les Facultés de droit de ne pas préparer uniquement des magistrats, des avocats, des notaires, des avoués et des agréés.

Quant aux magistrats, avocats, notaires, avoués et agréés, ils sont mis à même, au cours des quatre années de licence, de passer en revue tout le droit privé ; les matières de droit public qui leur sont imposées, ou bien sont d'une utilité directe pour l'exercice de leurs fonctions judiciaires (législation ouvrière, impôts, instruction publique, contentieux administratif), ou bien contribuent à développer singulièrement leur éducation générale (droit des gens, économie politique).

XI

Les deux années de service militaire, que l'on doit envisager pour les générations futures, se placent admirablement entre la première et la deuxième année, très bien aussi entre la troisième et la quatrième.

Pour qu'elles se placent entre la deuxième et la troisième, de manière à ne pas nuire à la profession envisagée par les étudiants, il faut supposer qu'ils seront admis à passer les examens non plus dans l'ordre normal A + B, puis a + b, mais ainsi qu'il suit :

A + a, puis B + b, s'ils se destinent aux administrations publiques, aux Tribunaux administratifs, à la diplomatie et, en général, à toutes les carrières pour lesquelles une connaissance approfondie du droit privé n'est pas l'essentiel.

B + b, puis A + a, s'ils envisagent la magistrature, le barreau, un office ministériel. Dans cette hypothèse, celle qui intéresse le monde du Palais, les jeunes gens expédient, après une année d'introduction, à peu près tout le droit public moderne, ils savent, en arrivant à la caserne, notamment la loi militaire et le droit des gens ; ils font leurs deux années de service militaire et, à la rentrée, étudient, en une troisième année, tout le droit privé français moderne.

Quoi de plus logique que de permettre ces diverses combinaisons ? Nous ne croyons pas cependant qu'elles aient jamais été envisagées suffisamment dans l'Université. Pense-t-on à la suppression des devancements d'appel par la future loi militaire ?

XII

Nous n'avons pas parlé, dans cette étude très rapide, du brevet de capacité qui intéresse, sinon à Paris, du moins en province, une faible partie du monde du Palais. Son maintien ne nous semble pas nécessaire.

D'une part, devant l'encombrement des professions libérales, les Chambres de notaires, d'avoués, d'huissiers ont une tendance à faire de la licence en droit le grade obligatoire des postulants.

D'autre part, les examens professionnels comme ceux organisés par la récente loi sur le notariat et qu'on pourrait exiger, par voie d'analogie, de tous les membres de la Basoche semblent équivaloir à ce brevet de capacité assez difficile à organiser à l'Ecole de Droit, établissement d'enseignement supérieur.

Si cependant on croyait bon de le maintenir, ce devrait être, à notre avis, en détachant du programme de licence certains cours de droit moderne, tels qu'ils sont faits pour les licenciés, pour en constituer un baccalauréat en droit susceptible de servir plus tard de base à l'obtention du diplôme de licencié. On pourrait arriver à une décomposition des épreuves, analogue à celle qui a été indiquée dans le paragraphe précédent.

Le capacitaire ou bachelier en droit deviendrait licencié par l'adjonction d'études historiques et de droit public aux connaissances de droit privé dont il aurait depuis longtemps justifié et fait l'application.

Mais il faudrait que ce procédé d'aboutir à la licence fût une véritable exception. Les études historiques de droit privé et de droit public doivent, dans l'immense majorité des cas, être l'introduction au droit moderne. Pour maintenir cette règle, on ne devrait autoriser les capacitaires ou bacheliers à ne monter en grade qu'après un certain laps de temps et sur la démonstration des nécessités professionnelles qui les auraient conduits à faire passer la pratique avant la théorie. On pourrait aussi, pour eux, rendre l'année de travaux historiques un peu plus difficile, en y ajoutant, au choix du candidat, soit le commentaire de quelques textes des Pandectes, soit la lecture de quelques publicistes comme ceux recommandés à l'entrée de l'Ecole libre des Sciences politiques (Montesquieu, de Staël, de Tocqueville, Taine, Fustel de Coulanges, Adam Smith, etc.) On serait plus exigeant parce qu'on serait en présence de candidats d'une certaine maturité d'esprit et qu'il ne faut pas laisser à la légère intervertir une progression rationnelle des études.

Quant au doctorat en droit, qu'il redevienne unitaire, ou qu'on le maintienne scindé comme l'agrégation, il doit être un titre exclusivement scientifique. Nous le tenons en dehors des préoccupations du monde judiciaire. Il n'est exigé à l'entrée d'aucune carrière. On comprendrait d'ailleurs cette exigence pour certaines d'entre elles, comme la magistrature des Cours d'appel et surtout de la Cour de cassation.

Mayenne, Imp. Ch. Colin. — *Spécialité de publications périodiques.*

EN VENTE

AUX BUREAUX DES *LOIS NOUVELLES*

Frais (recouvrement des). — Dus aux notaires, avoués et huissiers. Commentaire de la loi du 24 décembre 1897, par L. Legrand, avoué honoraire, président de la conférence des avoués de 1re instance des départements. — 1 vol. br. prix. 1 fr. 50

Contributions indirectes. — Traité de jurisprudence générale en matière de contributions indirectes, par A. Bertrand, directeur des contributions indirectes et P. Deschamps commis principal à la direction générale des contributions indirectes. — 2 forts vol. br. prix. . . . . 12 fr.

Code Rural. — Commentaires de la loi du 8 avril 1898 sur le **régime des eaux** et de la loi du 21 juin 1898 sur la police administrative, par Georges Graux, avocat, député du Pas-de-Calais et C. Renard, docteur en droit. — 1 vol. br. prix . . . . . 5 fr.

Instruction criminelle. — La réforme de l'instruction préalable. Commentaire de la loi du 8 décembre 1897, par Julien Bregeault, substitut du procureur général à la cour de Paris, et Albanel, juge d'instruction au tribunal de la Seine. — 1 vol. br., prix. . . . . 3 fr. 50

Douanes. — Le nouveau tarif des douanes. — Commentaire de la loi du 11 janvier 1892, par L. Dejamme, auditeur du conseil d'Etat. — 1 vol. br., prix. . . . . 3 fr. 50

Saisie-arrêt. — La saisie-arrêt des gages, salaires et petits traitements. — Commentaire nouveau de la loi du 12 janvier 1895, au courant de la jurisprudence et de la doctrine les plus récentes, par E. Schaffhauser et H. Chevresson. — 1 vol. br. prix 4 fr. 50

Droit commercial. — Manuel de droit commercial, contenant l'exposé des règles générales et la solution des questions pratiques en matière commerciale par Emile Schaffhauser, docteur en droit, directeur des *Lois Nouvelles*. — 1 vol. in-18, br. prix 3 fr. 50

Enfants naturels. — Droits successoraux des enfants naturels. — Commentaire de la loi du 25 mars 1896 par E. Mesnard, conseiller à la cour d'Amiens. — 1 vol. br. prix. . . . 3 fr. 50

Le Commentaire des tarifs en matière civile, concernant les avoués, greffiers, huissiers, notaires, commissaires-priseurs, etc., par O. Raviart, avoué honoraire, vice-président de la Conférence des avoués de 1re instance des départements. — 1 vol. in-8, broché, prix . . . . 8 fr.

Le Tarif des actes d'huissiers, par O. Raviart, 1 vol. in-8, broché, prix . . . . 6 fr.

Mayenne, Imprimerie Ch. COLIN.

www.ingramcontent.com/pod-product-compliance
Ingram Content Group UK Ltd.
Pitfield, Milton Keynes, MK11 3LW, UK
UKHW032039260826
14628UKWH00007B/3056

9 782013 560801